# Vamos a la escuela

Sharon Coan, M.S.Ed.

antes

ahora

antes

ahora

antes

ahora

ING GUIDE
FOUR FOOD GROUPS
Every day you need...
MILK
MEAT and EGGS
VEGETABLES and FRUITS
BREAD and CEREALS

antes

ahora

antes

ahora

antes

Teacher Created Materials
Buscar aquí
Yo sé columpiarme.
Yo sé correr.
Video 1

ahora

antes

ahora

antes

ahora

# ¡Escríbelo!

1. Piensa en las escuelas de antes.
2. Piensa en las escuelas de ahora.

3. Haz un dibujo de una escuela de antes.
4. Haz un dibujo de una escuela de ahora.

# Glosario

**ahora:** en el presente

**antes:** en el tiempo pasado

# Índice analítico

# ¡Tu turno!

¿Cómo han cambiado las escuelas? ¿Cómo son iguales? Coméntalo.

## Asesoras

**Shelley Scudder**
**Maestra de educación de estudiantes dotados**
**Broward County Schools**

**Caryn Williams, M.S.Ed.**
**Madison County Schools**
Huntsville, AL

### Créditos de publicación

Conni Medina, M.A.Ed., *Gerente editorial*
Lee Aucoin, *Directora creativa*
Torrey Maloof, *Editora*
Lexa Hoang, *Diseñadora*
Stephanie Reid, *Editora de fotos*
Rachelle Cracchiolo, M.S.Ed., *Editora comercial*

**Créditos de imágenes:** Tapa, pág.1 Yellow Dog Productions/Getty Images; pág.15 Bob Ebbesen/Alamy; pág.17 H. Mark Weidman Photography/Alamy; pág.5 Jim West/Alamy; pág.22 Associated Press; pág.2 H. Armstrong Roberts/Getty Images; pág.23 Klaus Vedfelt/Getty Images; págs.8, 14 Post Archive/Getty Images; pág.4 Time & Life Pictures/Getty Image; pág.24 JoseGirarte/iStockphoto; pág.9 Peter Zurek/iStockphoto; págs.6, 16 The Crowley Company/The Library of Congress; pág.10 LOC [LC-USW3-000264-D]/The Library of Congress; pág.12 Design Pics/Newscom; pág.7 Stephanie Reid; págs.18–19 Teacher Created Materials; pág.23 George Doyle/Thinkstock; todas las demás imágenes de Shutterstock.

**Teacher Created Materials**
5301 Oceanus Drive
Huntington Beach, CA 92649-1030
http://www.tcmpub.com

**ISBN 978-1-4938-0425-2**